你的善良，不要浪費在不值得的人身上

全大進
전대진
著

前言

你曾經有過這種念頭嗎？

「我對你好，你應該要感謝才對啊，為什麼反而覺得我很好欺負？」

「現在這個社會善良的人只會被利用。」

「我們對大便避而遠之，不是因為它可怕，而是因為它髒啊！」

人類最難忍受的情緒有兩種，

其中一種是「委屈」，

另一種是把自己搞得很累，把對方也搞得很累的「失落」。

只要是人，都會經歷過這兩種情緒，
但是我們的世界卻不容許我們盡情地表達出來。
「給別人方便也沒用。」
「給方便也沒用。」
「給了也沒用。」

過去五年以來，我不停地舉辦線上與線下活動，
聆聽了一千多人的苦惱。
不分職業、年齡或男女、老少，
在聽完各式各樣的煩惱之後，
我發現了一件事：

「天底下沒有沒問題的人，
不存在沒有故事、沒有傷口的人。」

歸根結柢，人活著都一樣，都會覺得累，
活著本來就是一件累人的事。
我希望這本書能夠成為你的「汽水」，
在內心悶得慌的時候可以一飲而盡、給人暢快感的「汽水」，
我覺得是我們人生中不可或缺的東西。

我重新修訂了這幾年來備受喜愛的
《你的善良，不要浪費在不值得的人身上》。
第一次看到這本書封面的時候，
應該會有很多人笑出來吧，我也是。

不過，實際上也有很多讀者是看到哭。
因為……這本書跟「人」很像。
就算五內如焚，也要勉強自己擠出笑容，
不能表露自己所有的情緒，這就是我們的現實生活。

希望這本書能夠說出你的心聲，
成為替最真實的原本的你加油打氣的朋友。
就像委屈的內心痛快地獲得宣洩，
你的明天也將會暢達無阻。
我會一直支持你的。

CONTENTS

PART 1

話誰不會說？

PART 2

對你好就利用我嗎？

PART 3 沒時間？是沒那個心思吧！

PART 4

我沒問你啊？

PART 5

需要值得信任的言語

PART 6
不用勉強沒關係

PART 7 汽水

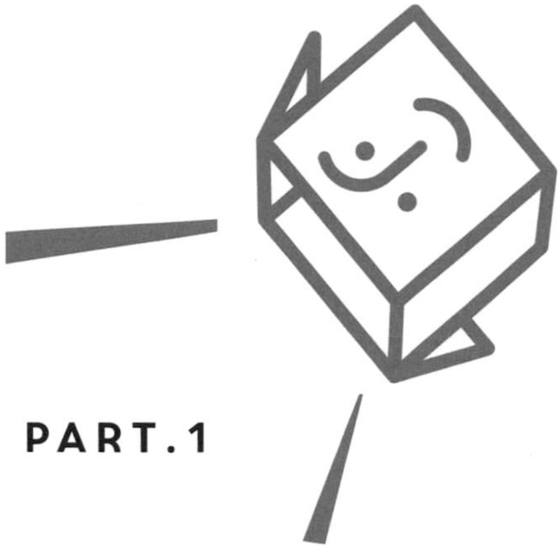

PART.1

“話誰不會說？”

001

不如我意

因為意料之外而倍受**感動**，
因為不出所料而大為**失望**，
不如我意，全部的事都是……

人類還真是神奇。
被有所期待的人拒絕，
獲得意想不到的人的安慰時，
雖然很感謝對方，又會不禁懷疑這樣是對的嗎……？

002

初心很重要

初心是最重要的。
情侶之間、夫妻之間、朋友之間，
以前美好的那份初心，
絕對不能忘記。

當下就發現的和後來才發現不一樣。
原以為彼此心意相通，
結果發現彼此太不一樣之後的
現在該怎麼對待他呢？

003

初心、重心、真心，其中最重要的是重心

初心、重心、真心，
其中最重要的是重心。
沒有牢固重心的初心與真心，
終究無法守護。

有些人剛開始熱情四射，
有些人在那一瞬間是認真的。

但是隨著時間流逝，
最初的決心逐漸稀微，
在夢想之前、在愛情之前，
最初純粹的那個瞬間的初心和真心，
都會消失得無影無蹤。
這些人之中大部分人的人生渾渾噩噩，
又或者是缺乏堅定的目標、夢想、主見或重心。
沒有牢固重心的初心和真心，
結果就跟小時候大家都想當總統的夢想是一樣的。

004

別再相信那些話

「最初」開始的時候，誰都熱情無比。
誰在那一瞬間都是「真心」的。
然而，熱情和瞬間最終都會過去。
不要依賴不確定的「感情」，
不要相信他的「言語」，看看他的充實「人生」吧。

005

話說起來容易

雖然你總是說我很珍貴，
但是你的行為卻把我變成了濫好人。
所以我再也不相信一言一語。
話，誰都會說啊……
所以我再也不相信一言一語。

006

小小的慾望，不幸的開始

就像星火燎原，滴水穿石，
「小小的慾望」也會毀掉一切。
看起來細微渺小的事物，不代表它不重要。
純粹的熱情與初心看似是在一瞬間消散的，
其實，那是從產生慾望的那一刻起就**注定好的結局。**
小小的慾望變大的話，會抹殺自己，也會抹殺對方。

所謂的人就是這樣。
無論是懷抱夢想，還是談情說愛，

我們都是抱持純粹的心意開始，
其本身令人感謝，
只是慾望不知何時會攪和進來。

007

當感謝變成狡猾

所謂的人心真是狡猾。自己辛苦的時候，
隨便找個人傾訴，雖然對方給予幫助之後，
哭哭啼啼地道了謝，但是很快就忘了這回事。
當自己的人生還過得去的時候，便瞬間轉變為冷漠無情的人。
當「感謝」變成「狡猾」的時候，
我再也沒辦法相信他人了。

做人不能始終如一嗎？
為什麼總是把別人的好忘光光？

難過傷心的回憶
就記得那麼清楚……
美好的回憶、感激的心情，
為什麼總能輕易忘掉？

008

始終如一也是一種能力

「始終如一」

是一種「令人心懷感謝」的能力。

「感謝」轉變成「權利」的瞬間，

那份愛便會步入低潮。

009

謝謝，懂得感謝

我曾經覺得
Give & Take 是一種愛斤斤計較的心態，
既無情又冷漠。
但是「Give & Give」的人要不斷付出，
「Take & Take」的人卻只要持續接受就好。
我學到了與其當個只會接受、不懂得感謝的小偷，
保持懂得對我所獲得的一切感恩並表示誠意的，
健康的 Give & Take 心態更好。

010

愛的有效期限

愛也有有效期限。
不丟失已獲得的愛，
不忘感謝獲得的愛，
這份愛就會閃閃發光。
遺忘我所付出的一切，
感激我所擁有的付出能力，
付出的愛就會閃閃發光。
「感謝」消失的瞬間，那份愛也就結束了。

011

小心表面上的共鳴

多多小心「表面上的共鳴」。

因為對方看起來像是理解自己內心的人，
就感謝地掏心掏肺的話，
那種人反而會在背後對自己議論紛紛。
看看那些我至今遇過的表裡不一，
在我背後捅一刀的人，
都是**與我最親近、替我加油過的人。**
每當遇到這種情況，我就覺得人好可怕。
正因如此，大家才會沒有地方安心宣洩吧。

012

前後不一的那個人

在背後對我磨刀霍霍，
在面前對我伸出手的樣子。
在我背後嚼舌根，在我面前歡笑的你……
我該拿你怎麼辦才好？

表裡不一的模樣，
見得再多，我還是無法適應。

013

被信任之斧砸到腳

就像肚子餓的人說「好餓」後
被反問「為什麼？」那般啼笑皆非，
對方把自己搞得很不安之後，
還問「你為什麼不相信我」也是一樣的情況。
我那雙被信任之斧砸到的腳，
現在也想離開到別的地方去了吧。

014

即便如此

當我做錯的時候，
旁觀者覺得「隨便你開心就好。」
好朋友覺得「那也是情有可原。」
假的自己人覺得「我就知道會這樣。」
真的自己人覺得「不可能會這樣。」
真正愛我的人則覺得「**即便如此**。」

夥伴分享**財富**，
朋友分享**悲傷**。

夥伴在我春風得意之際來找我，
朋友卻是無論情況如何都會常伴左右。

015

不用勉強

不要勉強地善良生活，
也不要故意無惡不作。
就算拚命努力，結果
會留下的人就是會留下來，
他們是唯一看到最原本的我之後還留下來的人。

016

保持關係距離

我不是要你無條件相信他人，
也不是要你一開始就抱持懷疑，
只是我發現人與人之間，
要保持適當的距離。
太好說話會遭到無視，
太難相處身邊不會有人。
應該要成為擁有一顆溫暖的心，
他人又不敢隨意對待自己的人。
雖然很難辦到，但是這麼做有其必要。

017

人不是信任的對象

去愛人吧。
但是，不要相信他人。
他人是「愛」的對象，
而非「信任」的對象。

不要因為對方說我愛你就相信，
要因為愛而相信對方。

018

人要講求信義

做人最重要的是要講求**信義**。
無論是男是女，
在人與人的關係之中**沒有信任的話**，
也就不會有愛或友情。
缺乏信任的關係是蓋在沙子上的房子。

雖然在信任、期望和愛之中，最重要的是「愛」，
但是從順序來看，「信任」卻是第一順位，
因為信任是所有關係的基礎。

沒有了信任，
那就像不知道何時會倒塌的豆腐渣工程。
愛的種子一定要
種在名為信任的土地上。

019

當我說的話被誇大又傳回我耳裡

我好不容易才說出口的話，

透過第三人的嘴巴傳回我耳裡的時候，

心情真的很糟糕。

經由別人嘴巴說出來的話總是會被誇大。

020

要先做值得讓人信任的行為啊

要先做值得讓人信任的行為，
他人才會產生信任啊。
有可能因為強迫對方，
人家就突然產生信任嗎？

信任可以分成兩種範圍。
第一個是，我能信任對方的範圍；
第二個是，對方給予我信賴感的範圍。
自己沒有值得相信的地方，就單方面強求他人奉獻、犧牲、信賴和關照的話，那是土匪吧。

所謂的信任，不是強求就會產生，
而是要做出值得對方信任自己的行為才行。
所以啊，平常要好好做人。

021

快被搞瘋了

明明彼此聽到的內容一樣，
明明正在一起討論，但是有些人卻
想聽才聽，只聽自己想聽的部分。
然後又自說自話，這種時候
我真的覺得快被搞瘋了。

022

人心如鏡

人的心
就像一面「鏡子」，
動向和我期待的方向
完全相反。

023

你看過我嗎？

自己從未親眼見過某個人，
也沒有聊天過，只是聽過別人討論的話，
就不能對那個人說三道四。
無時無刻都要站在對方的立場思考。

沒和我說過話的人對我說三道四，
關於我的謠言傳到我耳朵裡的話，
有時候我會覺得很荒唐，只能苦笑。
好話也罷，壞話也罷，所謂的言語會像這樣傳來傳去。

不能因為事不關己就隨便說話。
既然要說，就說正面的話吧。
跟自己還有對方多說正面的話吧。
那麼，那些話會變成更豐碩的果實回到自己身邊，
為自己帶來更大的幸福。

024
約定

無法遵守的約定
打從一開始就不要說。
因為不得已的情況無法遵守的話，
要誠心誠意地道歉。

如果，毀約者沒有道歉，
或只是嘴上說說，
認為毀約沒有什麼，
看起來毫無歉意的話，

就立刻結束那段關係吧。

觀察一個人對約定的態度，
就能看出他的為人。

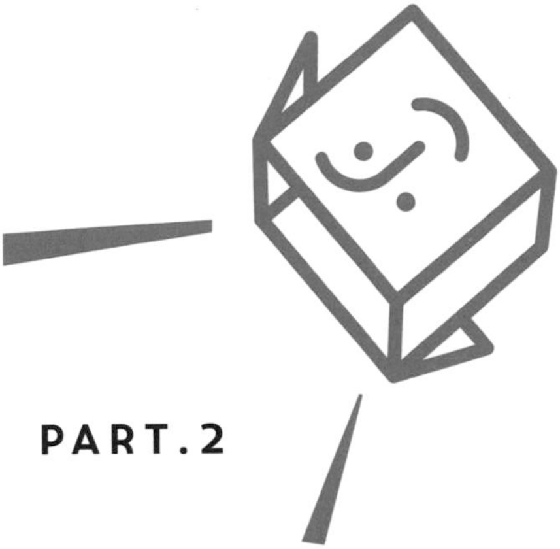

PART.2

“對你好就利用我嗎？”

025

我很好欺負嗎？

「我看起來是多好欺負，
怎麼可以對我這樣……」的想法；
小時候還以為善良是好事，
長大了才覺得不全然是好事的想法。

026

為什麼老是利用別人？

以前我會顧及對方的立場，
給予善意，但是現在想來
有些人利用了這一點。

最近的人之所以變得自私，
好像都是有原因的。
人們變得自私，
可以把錯都算他們頭上嗎？
事出必有因，
不然怎麼會這樣呢？

027

把誰當濫好人了？

請不要搞錯了。
我老實待著「絕對」不是因為我不知道或個性善良。
只是因為我不想變成和你一樣的人，
才會一忍再忍。

我沒必要為了戰勝怪物，
讓自己同樣也變成怪物。

028

為什麼是好人的錯呢？

別人對自己好的話，應該要對人家更好才對，
怎麼會覺得對方很好欺負呢？
那種人天性如此嗎？
還是我真的是好欺負的人？

我不想變成看起來是好欺負的人，
但是我也不想變成不懂得感激，
反咬別人一口的人。

029

好人沒有魅力？

總是善待別人的人
不是沒有魅力，
不懂得感恩的你才有問題，
你怎麼會不知道呢？

「對你好還得寸進尺？」
這本末倒置了吧。
也錯得太離譜了。

030

好相處的人VS.濫好人

當個「好相處的人」，
不要變成「濫好人」。
成為就算有點難聊天，
也想再見面的那種人吧。

031

有急事才找自己的人

做事乾淨俐落，喜歡付出的人，
經常感到寂寞。
幾乎沒有「經常」來找我的人，
「有急事」才來找我的人到處都是。

有急事才來找我幫忙的話，
老實說，我會覺得對方很討人厭，但我還是會幫忙。
但是那種連一聲「謝謝」也沒有，事情順利解決的話，
還以為是因為自己有能耐才解決的人。

雖然幫忙別人不是為了聽到謝謝或期待有什麼回報，
但是既然獲得了協助，
至少也要打聲招呼吧。
這不是最起碼要對協助者遵守的道義嗎？

一聲謝謝也沒有，發生問題的話，
就聯絡我追究責任，想要把責任推給我。
所以說，重感情的人過得真累啊。
因為他們
對別人無限好，
該受的苦都受了，
該挨的罵也挨了。

032

富中之貧

有困難而來找我的人
很多，但是
真正換我有困難的時候，
願意來見我的人一個也沒有呢……
大家有時候會忘記
我也是人啊……
我也有難過的時候、疲憊的時候、寂寞的時候……
我也一樣只有一顆心啊，
個性開朗的人也會有累的時候。

033

100＋1＝100，100－1＝0

看到好人壞的那一面便說：

「他本來就是那種人嗎？」

看到壞人好的那一面便說：

「原來他也有那一面啊～」

表現良好一百次再一次表現良好是理所當然的事，
表現良好一百次之後，只要做錯一次，「至今所做的一切都會化為烏有。」

034

別一個人作秀

不要默默對別人好，不要默默一個人受傷。

你受傷的事實，那個人不僅不知道，

事實上也不感「興趣」。

現在自私一點吧。

這麼說不是要你變得自私，而是要你別默默一個人「作秀」。

愛，要毫無保留地付出，

前提是，無論如何你的愛

對那個人來說都是有價值的。

對認為你可有可無的人付出的愛，
很遺憾，那只能說是「暗戀」或「浪費」。
如果你有自信不會受傷，那麼付出也沒關係。
但如果你有任何一丁點期望的話，
最好連開始都不要開始。
那種煎熬不經歷也罷。

035

過度的親切反而是毒藥

過度的親切和體貼
對你、對對方來說，
常常是一種毒藥。
凡事「過猶不及」。

對別人極好反而挨罵的時候，
最容易讓人覺得自己是大笨蛋。
但是想好好對待的對象是你挑的，
這都是你的選擇或你的錯。

036

只要你放手就結束的關係

只要你放手就結束的關係，
只有你心急努力維持的關係，
相處時你像跟班、濫好人的關係，
這些都是**關係的腫瘤**。
為了自己著想，快點**斬斷**關係吧。

在一整箱完好的蘋果當中
放入一顆爛蘋果的話，其餘的蘋果也會跟著腐爛。
有些人不僅會毀掉你，

還會影響整個人生，侵蝕你的人生……
別因為一個「情」字，讓你的人生崩塌。
巨大的建築物可能會因為老鼠洞
產生裂痕，最後倒塌。
我們有保護自己的權利。
這個世界上沒有就算失去自我也要維持的關係。

037

喜歡的人，好人

你**喜歡的人**，
不一定是**好人**，
是你自己覺得他人很好……
心意改變的那一刻，狂暴的暴風雨也在等著你。
所以，我一直很想對那些墜入感情洪水的人說，
不要只是忠於感情。
風雲變化的正是人的想法和感情。
不要深陷於感情，不要輕信隨口說出的甜言蜜語，
要觀察對方經歷的人生才對。

038

真正的自己人

恆久不渝的真理：
我有難時不離不棄的人，
是真正的自己人。
在守在身邊直到最後一刻的人，
是真正的自己人。

039

你的存在

寶石之所以能是寶石，
是因為它本身的稀有性。
存在的價值即稀有性。

那麼，這世界上獨一無二的你，
是多麼寶貴的存在？
要懂得珍惜寶貴的東西，
無論是你自己，還是對方。

040

先通知，再求理解

人與人之間
絕對不該做的事是，
先「通知」，再求「理解」。
對話與通知，雖然都可以說是「溝通」的表現，
但是這是兩回事。
通知，就像叫外賣的時候會做的事。
獨自作出結論後通知對方一聲，
並不會期望對方能理解自己。

041

真正該善待的人

雖然希望他人善待我的話，
我要先善待他人，
但是想要給予他人的那份善待，
應該要先給自己，不是嗎？

「我不尊重自己的話，
誰也不會尊重我。」

042

從我開始

我有多想從他人那獲得愛，
我自己就能多珍惜自己一點的話，
那該有多好？
快要渴死的人沒有水能分享給別人。
我要先感到幸福，
我的內心要先充滿愛，
才能讓別人也感到幸福。
所以為了自己，
也為了心愛之人……

最重要的是，
我們要先讓自己變得幸福。
那是讓所有人都變幸福的，
最快速簡單的方法。
說到底，道理都是一樣的。
我改變的話，世界就會改變。

043
名牌

你知道香奈兒為什麼是名牌嗎？
因為這是大師可可．香奈兒一手打造的。

就像《蒙娜麗莎》之所以是世紀名畫，
是因為它出自李奧納多．達文西之手，
大師為了一件作品，
糅合一生辛勞、嘔心瀝血的努力、
哲學、經驗和訣竅，
所以他們創造出來的作品被視為名牌。
一張紙、一幅畫或一個包包價值連城，為世人所珍惜，而無法衡量價值的你該有多珍貴呢？
名為「父母」的大師勾勒出名為「你」的作品，
你是非常珍貴的存在，你就是名牌。

044

將「你」打造成名牌的名匠

父母無論處於什麼情況，
腦海裡想的都是期望子女能平安順遂。

父母再辛苦再累
還是會咬牙苦撐，
此時此刻想到的還是子女。

045

換位思考，我才過得好一些啊

這世界上最難辦到的事，
是互不相同的兩個人融合為一。
在這個世界連要保護自己都很難了，
更何況是還要照顧他人……

我要站好，才能幫助他人站穩腳跟；
我要充實，才能充實他人。
所以我需要先讓自己幸福起來，
必須從我自己過得好做起。

我站穩了，
才能拯救瀕死的人。
如果我不站穩，
即便踩在別人身上，我也無法生存。

先讓自己幸福，
絕非自私自利的行為，
而是利他的使命。
我們需要再多一點點的私心。
我們應當成為利己的利他主義者。

046

我是珍貴的人

「因為多一片葉子，
小草就能獲得尊貴的待遇。
比小草還珍貴的你，
為什麼那麼忽視自己呢？」
從現在開始，請再多愛自己一點。
你，珍貴無比。

047

一下就離去的人

誰都有可能發生誤會過，
努力想解開誤會的人，
是真心對待我的人；
一下就離去的人，
是因為想誤會才誤會的。

為什麼不是解開誤會，而是放開我？
一段真正深厚的關係發生誤會的話，
雙方當然會努力對話，試圖解開誤會。

但是有些人連事情是否屬實都還沒確認，
就因為一次的誤會揚長而去，
彷彿已經等候多時，
就算所謂的誤會，隨時都有可能發生。

048

自私的我，奇蹟般的我

「我喜歡的人也喜歡我，這是奇蹟。」
——《小王子》

在只顧自己的自私世界裡，
為他人的困難處境著想的一點小心意，
對別人的一點關懷、親切和溫暖。
但是這些看起來很渺小的小火種聚集起來的話，
這個世界上許許多多的「自私的我」變成「奇蹟般的我」的話，
就可以讓活在這個世界的人減輕一點痛苦。
你不是「自私的我」，而是「奇蹟般的我」。

049

不要做比較

當我稱讚某人「你好帥、你好美」的時候，
回答我「最近長得好看的人那麼多……」
像這樣答非所問的人非常多。
這些人說其他人比自己好，
認為自己沒有資格獲得稱讚。
希望你不要因為習慣了比較的世界，
就像肉鋪替肉類分級一樣，
拿自己的價值和他人做比較。
拿他人和自己做比較，

就像在問天空和陸地哪個更重要。
這兩者本身無從比較，
分不出優劣，也不具備「標準」。
無論是富人還是窮人，
無論是天才還是笨蛋，
都是在這片天空底下呼吸的人。
空手而來，空手而去。
所以拿尺去衡量必定消失腐爛的東西，
比較人的價值，本身是一件愚蠢的事。
你也不用因為別人擁有的比自己多一些，
就產生自卑感。
反過來說，你也沒有因為自己比別人好一點，
就產生優越感的理由。

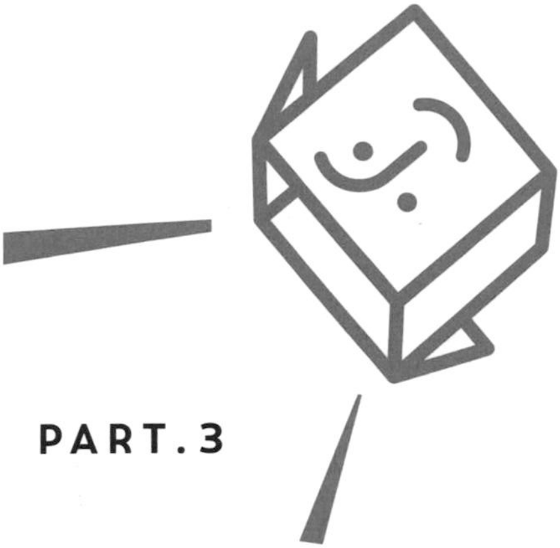

PART.3

”沒時間？是沒那個心思吧！“

050

是真的不知道還是裝作不知道啊

我一直很好奇，
有些人是真的不知道，
還是明知道卻假裝不知道。

又不能開門見山地問對方
是有那個心但是不理我，
還是因為沒有那個心，所以不感興趣，
摸不透的人心……
是個問題。

051

讀心術

分辨一個人是不是真心愛你的方法十分簡單。
看看他所做出的**選擇**就知道了。
那個選擇是否包含了你，
就意味著那個人的**本意**。

最能摸透肉眼無法看到的人心的方法只有一種。
觀察對方在關鍵時刻做出的選擇，
就能知道他當下的內心想法。

052

不想遭人利用

我想要毫不保留地付出。
但是，我不想遭人利用。

付出的愛比獲得的愛更加美麗，
但願，單方面付出的愛不會枯死……

053

如果因為見不到就想疏遠

看不見人因而漸行漸遠（×）。

想見面的決心決定距離（〇）。

俗話說：「萬里尋母」、「三顧茅廬」。

要是真有那個心或心中急迫的話，不用別人說，

再遠也會千里迢迢趕過去。

054

聯絡與愛的相互關係

聯絡不能作為愛的**標準**，
但是可以當作對心愛之人的關心**尺度**。

有心的話，時間、距離和環境都不是問題。
不過，無心的話，
時間再多也不會努力維繫。

055

我們之間的距離

最近我最討厭的一句話是，
「我以後有空會再聯絡你。」
約定的意義在於要人遵守承諾，
而遙遙無期、不會兌現的約定，
代表你和我之間的距離。

懂得管理時間的人，
可以兼顧人際關係和時間。
反之，被時間牽著走的人，

不僅失去了人，也失去了時間。
現在的社會誰不忙？
誰不知道自己人的珍貴？
與人鬧翻，失去人心，只是一瞬間的事。
道理誰都懂，但是是否會去實踐，說到底還是心意的問題。

像以秒為單位管理時間的世界級 CEO 股神巴菲特，
或是美國總統也會推掉與家人相處的週末午餐時間，
「創造」和其他人度過的晚餐時間，
而你卻說時間不夠？
我敢說，是你不想擠時間出來。

管理學的創始人彼得・杜拉克，

在他的著作《杜拉克談高效能的五個習慣》提過，
真正擅長利用時間的人、真正的大忙人，
不會三百六十五天都把忙碌掛在嘴邊說，
乾脆老實地承認自己無心維持關係吧。
別搶走等待者的時間，
也不要期待不會來找你的人，
對你自己的寶貴人生予以期待吧。

056

如果因為忙碌就想疏遠

我常聽到別人說「忙是好事啊～」
但是我有時會覺得忙碌是一件很可怕的事。
時間變少，人自然也會減少。
最後我明白了「會留下來人的才會留下來」。

無論再怎麼努力，等時間到了，
會疏遠的人終究還是會自然而然地疏遠。
「時間」對關係影響深遠，
即使是再要好的關係，

也可能變成比打電話給宅配司機還要尷尬的關係，
而你視對方為全部的真心也會遭到遺忘。

同時要感謝的也是「時間」，
時間能讓人忘卻痛苦的回憶，
這麼看來，遺忘好像也是一種祝福。

057

你是我的全部，我是你的一部分

你是我的**全部**，
而我是你的一**部分**的時候，
那種無法言喻的感情……

好討厭「以後再說」、「下次吧」這些話。
和我的約會隨時都可以延後，
隨叫隨到的人也是我，
彷彿我只是 1 ＋ 1 的存在。
真討厭藏在「因為你很好相處啊」這個理由背後的「安逸」、「理所當然」。

058

為什麼總是有一方付出比較多

替彼此著想的程度，
替彼此著想的多寡，
那個人的心意和我的心意，
兩邊不能都一樣嗎？
為什麼總是有一方付出比較多？
就像水往低處流，
愛也是「向下傳遞的愛」，
愛意比較多的那一方填滿不足的那一方，
或許是理所當然的事吧。

059

再交往下去我會死吧

再繼續和他交往，
我好像會難受到死。
和他分手的話，
又會因為積累的感情而難受。
重要的是，那個人現在也和你一樣難過嗎？
那個人吃好穿好，
想做什麼就去做，
如果是你一個人還在為了那個人難過抱病的話……
拜託別再這樣了，不要再做徒勞無功的事了。

060

同樣的話，不同的時間點

相愛之前說的「我有你就好」、「我會珍惜你的」
分手之後說的「我有你就好」、「我會珍惜你的」
一樣的話，一樣的人，一樣迫切的感情，
但是不一樣的時間點……全然不同的時間點。

061

別被積累的情分給騙了

別被積累的情分給騙了，失去珍貴的**我**。
不是以後，而是要**現在**感到幸福。
不要變成那個人的「備胎」，成為他的**第一順位**吧。
不要努力獲得寵愛，不要感到痛苦。
要知道，你對某人來說也是想賭上人生的**寶石**。

062

是浪漫主義者還是笨蛋

無止盡的愛，無止盡的付出，

對方明白你的心意的話，這場戀愛會是全世界最浪漫的。

對方不明白你的心意的話，最終會走向悲劇的結局。

對方不明白你的心意，你還是始終不渝地愛他的話，

那你不是「真正的浪漫主義者」，就是少一根筋的「笨蛋」……

063

浪漫主義者，妄想主義者

在現實生活中努力實現夢想的人
叫做「浪漫主義者」；
懶惰成性，無所事事，
什麼也不做，空有夢想的人，
我們稱之為「妄想主義者」。
做好準備的人、正在經歷辛酸血淚播種的人，
只有他們才會在日後喜悅地收穫果實。
你現在付出的血淚，總有一天會有回報，
令你歡天喜地。

064

付出的人更受傷

一**直獲得愛的人**不知不覺間，
得不到愛的話，就會指責對方變了；
一**直付出愛的人**不知不覺間，
被對方視為理所當然的時候更受傷。

065

現代版奴隸合約

對方為我付出是「義務」，
我接受對方的付出則變成「權利」的話，
那是不公平的交易，
那是奴隸合約。
看看最近的人結交朋友或談戀愛的樣子，
我總覺得現代版奴隸合約還真多。

066

不要當備胎，成為第一順位吧

如果是珍視我的人，
我也會珍視他；

如果是視我為備胎的人，
我也會視他為備胎。

因為光是要好好對待一個我所珍視的人，
時間就遠遠不夠了。

067

不要把珍珠丟到豬前

認為我好像可有可無的人，
一點也感覺不到對我的照顧的人，
讓我覺得自己變成了笨蛋的人，
只在需要我的時候接近我的人，
一定有這種光說不練的人。

人的精力和時間有限。
對懂得寶石價值的人來說，寶石才是寶石。
不要把珍珠丟到豬前。

別因為不懂得你的價值的人
而受傷，不要再執著於他了。
因為你的人生很寶貴，
一定會有人愛你、珍視你的。

068

哪有理所當然的事？

這世界上沒有理所當然的事。
別把我的辛苦視為理所當然。
全天下哪裡都沒有理所當然的事。
即使是父母子女之間也是。
但你到底算哪根蔥？竟然視為理所當然？

這世界上沒有理所當然的事，
我的好卻偏偏被你視為理所當然，
太討厭了。

069

相同的開始，不同的結局

剛開始的時候，雙方的心意都是一樣的。
為什麼結束的時候總是會變質？

到底是從哪開始出錯的……？

希望能和你一起開始，迎來一樣的結局，
是我太貪心了嗎？

070

對愛情的基本禮貌

如果餐廳座位上，
有其他客人吃到一半掉下的食物，
當然不會想坐在那個位置。
就像吃飯前要洗手，
在愛上某人之前，
也需要整理內心的時間。

比喜歡一個人的心、溫暖的心更重要的，
好像是一顆乾淨的心。

就像不剩下食物廚餘
是對下廚的人的禮貌，
毫無保留，一滴不剩的愛意，
不也是對心愛之人的禮貌嗎？
全心全意地去愛吧。

沒有清掃過的骯髒內心最後
會造成污染，令自己或對方無法再愛下去。
別比較前任和現任，
別讓自己或對方變得不幸了。

071

熟悉與珍貴的關係

不要因為熟悉而忘了那個人的珍貴？（×）
若能想到那個人對我來說「很珍貴的理由」，
腦海裡根本不會出現「熟悉」這兩個字。

只要有光明在，即使不努力消滅黑暗，
黑暗也會自然而然地消失。
要因為那個人的珍貴而忘了熟悉才對！（○）

072

沉默不是金

不說出來，別人不會知道。
雖然沉默是金，愛情是犧牲，
但是對方不知道的我的沉默和犧牲，
就和沒有傳回來的回音一樣空虛。

平常要毫不保留地表現出來。
多多表現也不會花到半分錢啊……

073

好的影響力

改變世界的起點是「我」。
我先愛我自己，我先珍視自己，
不對自己的人生袖手旁觀，
懷抱有價值的夢想。
所有盡了最大努力的行動，
最終會讓我身邊的人
感到幸福。

074

沒有表現出來的愛

如同沒有表現出來的信任是死的，
沒有表現出來的愛也是死的。
愛就跟水一樣，
不流動積在那的水也會腐臭。

075

邊說我愛你邊丟下你

就像口口聲聲說著「很迫切」的人整天吃喝玩樂的話，
大家會覺得他精神不正常，
口口聲聲說著「我愛你」的人，
將你棄之不顧的話，
就代表他還沒有愛上誰，
沒有擔起責任的資格與資質。

076

熟悉的理由

我很擔心自己會在不知不覺間熟悉某個人的存在，
同時害怕我會對某人習以為常。
但是，站在對方的立場再想一遍我就想通了。
如果，我有多希望對方能理解我，
我就有多理解對方的話，這是愛。
超出這以上的期待是貪心。

一開始想著「如果我是那個人，我會有什麼感受？」
但是多想幾遍卻浮現了這種念頭：

「這個人到底為什麼要這樣對我？」
明明選擇和那個人交往的人是自己，
很多人卻常常說得好像是自己被對方欺負了。
我覺得說出那些話的人，
是在降低自己的選擇標準、眼光和自尊心。

077

不要相信甜言蜜語，相信人生吧

沒有證照、沒有經過驗證的庸醫，
不會有人想讓他進行手術。

但是，你為什麼輕易地，
允許自己將身心交給對自己沒有責任感的人？
有個方法可以多了解一點看不見的人心，
那就是觀察對方以前是怎麼生活的、
現在的生活方式又是什麼。
不要相信甜言蜜語，要去觀察他的人生。

078

別在那個人身上賭上一切

比起心懷嫉妒，感到不安，
還不如擁有自信，抬頭挺胸。專注於自己吧。
矛盾的是，比起為了對方賭上一切的人，
人更容易被對自己的人生全力以赴，
又能和對方「分享」**寶貴時間的人所吸引**。

雖然大家都說談戀愛的時候想找「始終如一的人」，
但是誰也不想找為了愛情，飛蛾撲火的人。
那一點也不「浪漫」，反而很「可怕」，這種人很「危險」。

我們不是在夢裡談戀愛，
而是在現實生活中戀愛。
我們工作一輩子，戀愛一輩子。
雖然一輩子都在工作的人生很空虛，
但是只顧著戀愛的話，未免太過愚昧。
工作與愛情失衡的關係，
是認定了「反正我們之間會決裂的」關係。

擅長工作的人很清楚什麼重要、什麼不重要。
換句話說，這種人是懂得優先順序的人，
所以他們也很擅長談戀愛。
同樣地，擅長戀愛的人，
也會愛自己、愛自己的工作，

所以會對自己該做的事全力以赴。
跟愚笨之人戀愛的話，
會令自己和對方都變得不幸。

079

同伴者VS.馴養者

所謂的愛是……
成為互相陪伴的**同伴者**，
而不是**馴養者**。
我連自己都改變不了，
更別說是改變別人，
也不能試圖改變別人。

別人向我諮詢男女問題的時候，
我最常聽到這種話：

「我男（女）朋友不管我怎麼說都不改。」
每當這種時候，我就會拋出幾個問題。

「請問您還記得自己在今年一月一日設定的目標嗎？」
大部分的人不是記不起來，
就是記得歸記得，卻沒有付諸行動。
「請說說看您覺得自己比上個月……不對，
是比昨天還要進步的事。」
沒有人回答得了我。

連自己都改變不了，還想改變別人，
怎麼會有這麼不自量力的事？
真正應該改變的人是自己，

我能改變的人也是我自己。
但是，我們總是想先改變對方。

自己先做出改變，
之後才可能改變別人。
從自己好好做起就可以了。

080

真正的愛是

No Expect，不期待對方做什麼；
No Pay，不期待任何的**回報**；
No Save，毫無保留地付出全部的愛。
真正的愛便是如此。

想給心愛之人什麼卻給不起的時候，
伸手摸摸口袋，摸到的只有灰塵，

這不曉得有多令人難過。
反之，哪怕只是一件小事，
能為心愛之人做什麼的話，都會無比喜悅吧。
愛情就是付出，有能力付出應該要感恩才是呀。
真正的愛是，不去誇耀自己的奉獻與努力。

081

我想聽到的話

我想聽到的，
不是試圖說服我的**理由**，
是**真心實意**。

不是對方個性善良，不是對方對我好，
愛情就會開花結果。
能讓我打開傷痕累累的心房的人，
必定是擁有一片真心的溫暖的人。

082

導致分手的三大原因

迷戀是對過去的悔意，
執著是對現在的不滿，
疑心是對未來的不安，
「早知道他是那種人，就不會開始了。」
他本來就是那種人嗎？
是我讓他變成這樣的嗎？

083

因為雞毛蒜皮的小事吵架

如果有人說：
「我們老是因為雞毛蒜皮的小事吵架。」
我會這麼回答：
「那如果是大事的話，你們連架也不用吵就會直接分手了吧？」

我們對和自己無關的人不感興趣。
但是珍貴的人之間總是存在著「衝突」。
衝突是愛的證據。

084

需要的話VS.想聽的話

該說對方**想聽的話**？

還是對方**需要的話**？

前者是為了說話的自己，

後者是為了對方說的話。

085

你自帶煞車裝置嗎？

購物的時候，賣東西的人
會用條理分明的甜言蜜語
解釋產品的功能或非買不可的理由，還有我們想聽的話。
聽久了就會覺得那個東西是專門要賣給我們的，
但是事實上，那只是商人為了自身利益而說出的客人想聽的話。
不過，愛我的人，
會幫忙踩煞車問道：「你現在很需要這個嗎？」
我們活在世上真正該聽的話，
或許和我們想聽的話正好相反。

雖然我們也需要尊敬自己、認可自己的話，
但是有些人可能正是因為太愛我們了，
才會對我們說出要我們踩「煞車」的話。
希望大家都知道被人阻止的珍貴就好了。
開車的時候，「煞車」比「高速」還要重要。
速度是一種功能，而煞車攸關生命。
希望大家不要討厭人生中遇到的煞車。
那說不定會救了你，而且那也是你獲得喜愛的證據。

086

傷口罰金

去吃到飽餐廳一定會看到這樣的句子：
「吃多少，拿多少。
過度浪費食物時，將酌收額外費用。」
我們可以盡情地去愛人，但是也要能為自己的行為負起責任。

若有人因為你不負責任的言行舉止或承諾而受傷，
對於傷口的罰金有辦法換算成金錢嗎？
應該領到罰金的人滿地皆是。

087

短跑選手

大家最近談戀愛的樣子，
看起來就像**短跑選手**。
拚了命衝刺一百公尺，一次使出全力，
立刻將**接力棒**傳給下一個跑者。
將彼此獲得的愛或受的傷
轉嫁給下一個跑者之後，
從此變成了路人。

以前的我好像也是滿心期待想接到接力棒。

就像應該負責跑特定路線的人。

「就算那個人不是我」，
如果有人正在跑某條路線的話，
就會跟著跑完那條路線，在這場「比賽」之中，
每個人都覺得自己是決賽之前**跑過終點的主角。**
覺得自己是**最後一名跑者……**
「愛情是馬拉松，愛情也需要耐力。
如果才跑一百公尺就會癱倒在地，那不要來我這。」

有人在接手你不負責任的言行舉止和承諾後，
滿身是傷。

088

了解愛的人？去愛人的人？

你認為自己
是了解愛的人？
還是去愛人的人？

我們常常誤以為自己懂很多。
尤其是戀愛的時候，自以為和對方相識許久，
對對方有點了解，
就說出不知有多傷人的話，
就說出自行揣測判斷的話，

而自己卻不自知。

如果自詡很了解對方，
在那個眼裡只有自己的人的心臟上刺入言語匕首的話，
這樣的人能說是「了解愛」嗎？

我做的一切對方是否也有感受到，
這在戀愛之中很重要。
成為「去愛」的人吧。

089

人，愛，人生

去愛的是人，
救人的是愛。

仔細想想，
人之所以會受傷不是因為錢，
也不是因為情況所逼。
全部都是因為人的關係……
同樣地，
令人感動的也是人。

090

明明不是專情的人

連一個人也無法全心全意對待，
還跟其他人劈腿，這種人我實在無法理解。

有些人會跟其他異性劈腿。
交往對象因為自己傷透了心，
心腸惡毒的人卻總是忘記自己給對方造成的傷害，
只記得自己受到的傷害。
每個人都有不受傷的權利，
而且誰也沒有權利傷害別人。

091

是為了什麼榮華富貴

你哪裡不夠好？有什麼好可惜的？
是想享受什麼榮華富貴，
才會連**那種待遇**都隱忍下來？
又不是發薪水的老闆，**那個人算哪根蔥**，
隨便對待你，你還由他欺負嗎？
這不是善良，是愚蠢，放棄吧。

忍耐和強忍不一樣。
忍耐成良藥的東西才需要忍耐，

忍耐成毒藥的東西堅持下去會生大病。
忍耐會長繭，會變成堅韌的肌肉，
但是強忍著產生壓力的話，累積久了會需要去看醫生。

忍耐之後的你是變得比以前還要強大，
還是你的心正在腐爛朽敗，
拜託仔細想想吧。

092

愛情裡頭沒有「欲擒故縱」

戀愛有分甲乙方。有人是帶領的那一方，
好像更喜歡對方就輸了，好像**欲擒故縱**是必要的，
但是**愛情**裡頭不分甲乙方。犧牲得愈多，愛得愈多，
那份愛便更加深厚。
愛情裡頭只有**理直氣壯**。

093

當初為什麼要那樣對我？

雖然現在才說，
但是我很想問當初為什麼要那樣對我？
對很久之前傷害我的人問這些又有什麼用，
我在紙上隨意塗寫，然後「唉！」一聲，
把紙張捏得縐巴巴，丟進垃圾桶。
然後又撿起來看了一遍，
此時我突然想到我這副模樣該有多悽慘啊。
自己翻開過去的傷疤，
不就像非要重新撿起已經丟進垃圾桶的紙打開來看嗎？

094

即便如此，我還是有自尊心的

對我造成深深傷害的人是你，
但是我不想討厭那樣的你。
因為不管怎樣你都是我付出心意，
我所選擇的那個人啊。
我還是有自尊心的。

095

可惜啊可惜

我有時候會這樣想。
因為有過去，才有現在的我，
雖然無法否定過去，
但是我還是**覺得我對會離開的人付出的誠心和努力，**
可惜了。

所有事物的結局都無法預測，
所以最初總是感到神秘激動，
但是隨著歲月流逝有了年紀，

激動的位置，
自然而然地被害怕和疑心代替了，
這也是沒辦法的事吧。
所以啊……我們無法改變「現在」正在交往的人，
無法拿回「過去」被搶走的時間，
「未來」會發生什麼事、
會跟誰交往，誰都不知道，
正因如此，我們要更專注於自己。
對別人付出的誠心可能會隨著對方消失，
但是對我自己付出的努力和誠心至少不會背叛我。
我能做的最佳選擇是「專注於我」。
那樣我才能活下去，對方也才能活下去。

096

不是說因為不一樣而被吸引？

因為和我不一樣，所以才喜歡對方的，
但是對方配合我，改變口味是怎麼回事？
如同我做自己的時候最美麗，
對方也是做他自己的時候最美麗。

097

討厭自己

雖然很討厭傷害我的你，
但是想念那樣的你的
我自己更令人討厭。

即使你不在了，
那份感情依舊還在。

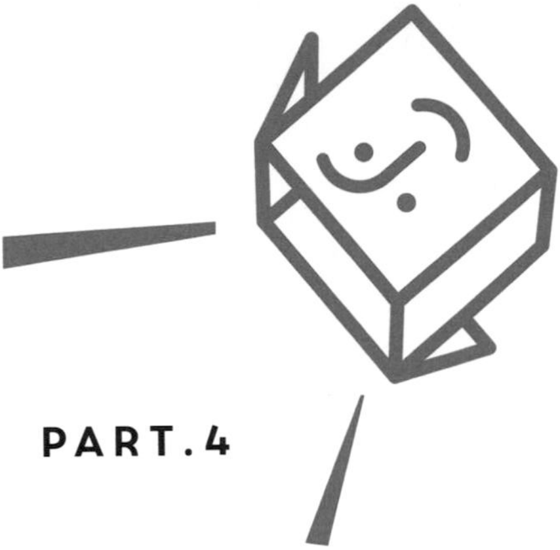

PART.4

"我沒問你啊？"

098

善良的人和濫好人不一樣

善良的人和濫好人不一樣。
「真正善良的人」身邊到處都是厲害的人。
反之，濫好人卻是誤以為會吃虧都是因為自己太善良。

讓自己被他人搶劫的人，
誤以為自己是替對方著想的「善良的人」，
但是這樣的善良連關懷都算不上。
真正善良的人絕對不容小覷，
他們反而是厲害到令人心生懼怕的人。

真正善良的人內在充滿愛意，
看到跌倒的人會遊刃有餘地伸出手，
問一句「你沒事吧？」
扶起對方。
而不是一起跌倒大哭的笨蛋。

沒有任何一段關係的維持會需要失去自我。
我有多珍視自己，
對方就有多珍視我。

真正的關懷是……因為珍視自己，
所以也懂得傾聽對方的心聲，
而不是蓋住自己的耳朵，摀住自己的嘴巴。

099

對別人好就是濫好人？

不是對別人好就是濫好人，而是對方不懂得感激。
還繼續對人家好又心懷期待的人也有錯。
要當笨蛋是那個人自己的錯，
和笨蛋交朋友則是我的錯。
跟毫不保留給予的「愛」。
同等重要的正是「智慧」。

也就是別讓笨蛋打入自己的交友圈，
能分辨出笨蛋的「慧眼」。

別再怪別人了，變得有智慧一點吧。
如果總是覺得對別人再好自己也只是個濫好人，
那最後你的周圍會一個人也不剩。

100 權利與責任相伴

被愛的權利，
愛人的義務，
不造成傷害的責任。
這三者必須結伴同行。

101

有什麼不一樣嗎？

以前看起來威風凜凜的人，
現在重新一看莫名淒涼，
儘管那個人看起來光鮮亮麗，
擁有所有令人欣羨的條件……
重新一看，他看起來是最孤單的。

不知從何時起，對於那個人的光鮮亮麗，
我從羨慕的心情轉變成惻隱之心，
在耀眼的光芒下只看到那一點影子。

無論是過去還是現在，無論是那個人還是我，外表都沒變。
但是，**如果有什麼改變了的話，那就是「我」**。
因為我改變了，那個人看起來才會不一樣。
不管是從好的角度還是壞的角度來說。
就算是不想見到的討厭鬼，
隨著時間過去重新一看的話，
有時候我也會產生惻隱之心；
就連要對以前很喜歡的人，
說句「你過得還好嗎」這麼簡單的一句話，
我有時候也會感到尷尬。
這種情況比比皆是，
不知不覺地，和某人結交關係這件事，
令我懼怕，令我變得更小心謹慎。

102

有誰叫你教我怎麼做了嗎？

自己沒經歷過的事，
就別輕易說出口。
真正經歷過的人才不會輕易說出來。
有些人就是愛跟現在累得要死的人說正確答案。
「因為～所以你才會那麼累。」

對方真正需要的不是「正確答案」，
而是飽含真心的一句話和可以稍微放鬆倚靠的樹蔭。

103

即便再好

就算我是基於好心，就算我的立意良善，
對方還沒作好接受的心理準備的話……
再好的東西對那個人來說也有可能是傷害。
小時候的我總是意欲當先，
但是隨著年紀增長，我愈來愈明白「慢慢來」的重要性。

104

我沒叫你跟我說正確答案啊？

「我沒叫你跟我說正確答案啊」？

我一次也沒有問過你正確答案，
當我只是因為覺得累了才說一句「我好累」，
你卻一個人長篇大論地說教的時候，

我想到的是：「哎呦，你好像自己以為很懂我」。

有些事對自己來說是正確答案，對別人來說可能不是。

105

理所當然的事才不理所當然

對我而言沒什麼的東西，
對那個人來說可能是全部。
對我而言理所當然的事，
對那個人來說可能是極為困難辛苦的事。
請不要隨便判斷他人。

106

聽到我說很累就要我「加油」？

我因為覺得很累，所以說了「我好累」，

但你卻說覺得累的話就是哪裡出錯了……

你堵住我的嘴，對我說的話是「加油」呢。

這是怎麼回事……？

107

自己做錯還想怪誰？

自己覺得累的時候，要知道別人也很累……只知道自己，覺得自己最累，說自己是受害者的人……事事都以自我為中心。

明明做錯的人是自己，還想怪別人。

108

你為我做過什麼嗎？

「你為我做過什麼嗎？」我想跟說這句話的人說：

「我為什麼要替你做過什麼？」

就算長了歲數，

只要還有期待誰來為自己做什麼的乞丐般的劣根性……

那離懂事還有很大一段距離。

109

最可憐的人

全世界最可憐的人是，
自己犯了錯
還不知道錯在哪裡的人。
這些人通常都是**耳朵聾了**，
只剩下一張嘴的人。

110

年紀大這件事

箱子製造了**幾年**，
並不重要，
重要的是放在裡面的**內容物**。
不是活得久一點、年紀大一點，
就都算是**大人**。

韓國人唯獨對「年紀」很敏感。
如果年紀比自己小的人直言不諱，就會說對方沒禮貌，
或是瞧不起地說「你還不諳人世」的情況非常多。

有過怎樣的經驗、抱持怎樣的態度和習慣，
怎麼去愛、去原諒、去付出，
人生價值觀是什麼，
都會決定一個人的成熟度。

年齡沒什麼好炫耀的。
炫耀年齡恰恰是不符合自己年齡的行為。
承認自己的不足之處，
懂得向比自己年輕的人
學習的人，
才是大人。

111

這是奢求嗎？

我雖然不是什麼大人物，
但是我想成為對某人而言特別的人。
就算不可能讓全世界的人都喜歡我，
但是我希望自己至少是某人的全部。

112

乖乖聽話吧

後悔也來不及了，
事情都已經發生了……

每句話都是否定的、
想法扭曲的人，
和這種人說話的話……
連待在一塊都會感到痛苦。

113

言語＝迴力鏢

「言語」就像迴力鏢，
從我嘴裡說出來的話，
在全世界繞了許久後，
最後又會回到我身邊。
所以隨時都要小心說話。
就像，
賺錢很難，花錢很簡單；
減肥很難，增肥很簡單；
說話很容易，卻沒辦法靠三言兩語善後。

114

聞一再知十

有時候只是看到對方的一部分，
就去招惹對方，彷彿自己了解他的一切。
就像成語「聞一知十」說的，就算沒辦法「知十」，
也要好好「聞一」啊。

115

頭不是長好看的

每個人的想法都不一樣，
我認同且認為這是理所當然的事，
但是**我討厭無腦的人**。
人不思考的話，和野獸有什麼區別？
不對……就連野獸也會思考。

116

拜託說話前先經過大腦

拜託說話前先經過大腦，
也站在對方的立場想想。

一字一句全數吐出來的話，有些人就算很受傷
還是會忍下來，要是說話者知道這一點就好了……
但是當事人總是不知道問題出在自己身上。

全世界的人都知道，只有本人不知道。

117
起承轉合……炫耀自己

「我不是要炫耀……」
愛炫耀的人總是用這句話當開場白，
接著開始炫耀。
真正厲害的人不會煞費苦心地，
向別人證明自己的價值。

起承轉合……炫耀自己，這麼做也不是不行，
只是開場白至少從：
「我最近做的事還滿順利的」

「我有個好消息」
「我能不能炫耀一下？」
開始說起吧。

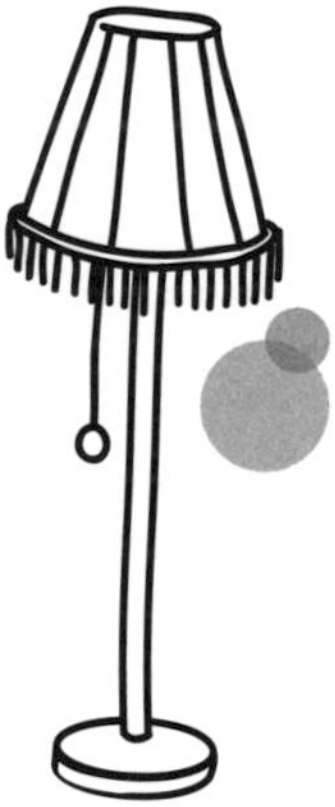

118

討厭鬼

有些人雖然自己沒有付出過什麼卻覺得對方很討厭；有些人雖然自己不曾從對方那獲得什麼卻覺得很討喜，還很奇怪地對人家懷有感謝之意。

前者無論走到哪都討人厭，後者總是大受歡迎。

119

改變人生的力量

將海倫·凱勒打造成偉人的，
不是蘇利文老師的「知識」，
而是始終不渝的「愛」。

我們總是說這樣說是為了對方好，
但是其實更多的時候，是想說自己想說的話和堅持己見。
「我什麼時候說錯過了？」
「我這樣說是為了你好啊，難道是為了我好嗎？」
這些都是常見的說辭。

嘴上說為了對方好，
但是其實是為自己好的話，
只會離愛愈來愈遠，讓傷口變得更大。
所以啊，**言語和表達**在人與人之間十分重要。

120

存在於世的寶物

去愛自己原本的樣子，
別停留在當下的樣子。

原石有發展成寶石的潛力。
原石本身就很珍貴。
但是原石一輩子都只是原石的話，
便看不見它內在的美麗光芒。
原本的你便是十分珍貴的人。

光是你是你這一點，就足以令你與眾不同。
但是，不要滿足於當下的樣子。
無論是看得見的模樣、習慣或行動，
還是看不見的內心傷痛、自尊感或自信心。

拒絕安於現狀與平凡，
辛苦地超越自我之後，
你將會是比現在更加閃耀的人。
你將會是更成熟、更成功、更懂得愛的人。
鼓起勇氣吧，自己站起來吧，變得更強大吧。
每天接受他人的輕聲安慰，
仰賴他人活著，
對只有一次的人生和年輕歲月來說太可惜了。

我愛原原本本的你，
但是我也希望你不要停下腳步，
不要停留在當下的樣子。

121

和這種男人、那種女人交往？

戀愛要有好的開始並不難。
「和這種男人、那種女人交往吧」，
或是「我想和這種人交往」。
只要別被這種標題的文章騙倒就可以了。
那種文章不管看幾次都對人生毫無幫助，
而且那種人也不會在人生中出現。

「現實生活中真的有那種人嗎？」
「現在這個社會還有那種人嗎？」

如果有心儀的理想對象，
首先，成為那樣的人就可以了。
如果有憧憬的人生，
成為值得享受那種人生的人就可以了。

沒有行動，光有空想的人，
我們會叫他「別作夢了」。

122

大家都對別人的人生沒興趣

他人的想法和判斷，
沒有理由左右我的人生。
別被他們隨口說出的話動搖了。

因為人們對其他人的人生，
比我們想像中的還要不感興趣。
連要照顧好自己就很吃力了……

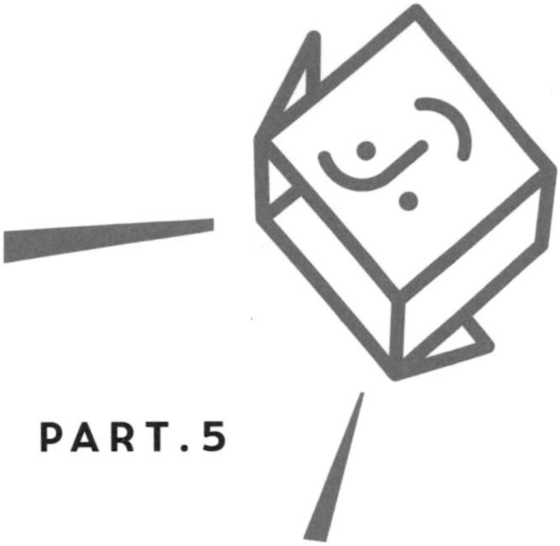

PART.5

“需要值得信任的言語”

123

信任並前往的路

這樣做也不是，那樣做也不是的時候，
愈是大力掙扎，反而愈不順利的時候……
我到底該怎麼辦？

諸事不順，全部都不合我意，
好像只有我很著急，也不知道事情的發展方向正不正確，
思緒一片混亂，不知道該停下來，還是繼續往前走……

我們在學校學到的是，要套用公式得到答案，
但是現實生活中沒有所謂百分之百正確的答案或公式。

只是，我做出的抉擇要由我負責，
所以我要相信自己的選擇才是。
我只能堅信地走下去。

124

沒有今天的話，一切都沒有意義

大部分的擔心來自還沒發生的事，
大部分的憂愁來自對過往決定的後悔。
未來的夢想與過去學到的教訓都很重要，
但是沒有「今天」的話，這一切還有什麼意義呢？

125

人最寂寞的時候

1. 獨處的時候
2. 旁邊有人仍覺得孤零零的時候
3. 在他鄉生活，就算有空也沒有人可以見面的時候
4. 現在

你是哪一種呢？

126

後悔，是對自己的禮貌

我以為當時那一瞬間
我盡了全力，
但是仔細回想的話，為什麼我總是留下遺憾呢……？
全力以赴了也會感到後悔，這就是人生啊，
不好好盡力的話，那怎麼行？

至少**別對過去做出的決定，**
感到後悔或自責。
因為這是對盡了最大努力的我

最基本的禮貌。

我們都要對自己
遵守最基本的禮貌。

127

沒有什麼苦盡甘來

與其抱持苦盡甘來的想法，
將每一天視為「痛苦」，
還不如將只有一次的今天
視為**禮物**，心懷感恩地度過。

總有一天好日子會到來的，
今天是最美好的一天。
不要無病呻吟，笑著度過吧。

我們只是活在這一瞬間、活在當下。
誰也沒辦法保證
明日一定會到來，
我們只是珍視每個瞬間活著，
毫不保留、竭盡全力地去生活、去愛、去學習。

與其苦等「總有一天」會到來的好日子，
將今天視為「痛苦」咬牙撐著，
還不如將今天視為「禮物」，感謝並享受獲得的每一天。
這樣活在世上所迎接的明天將會成為「祝福」。

我們不是為了「總有一天」能成為寶石而努力，
所謂的希望是來自知道自己「本來就是」寶石的事實。

被還沒到來的明天搶走今天的人，
別變成這種笨蛋了。
明天的事明天再煩惱，
今天的痛苦留在今天，那便夠了。

128

所謂的情感真可怕

人的「情感」真可怕。
就算身心因為那個人
滿目瘡痍，還是繼續
在想那個人……這就像
身體再不舒服也要吃飯。

129

特別的事，特別的日子

常言道：「一切都會過去。」
以前對彼此的真心，
如今好像失去了意義，
但這對你而言仍是有意義的事。
賦予其意義的人正是我。

我們以後也會如此度過同樣的每一天，
賦予其特別的意義吧。
所以，即使不完整，也會是特別的吧。

130

只要是人

所有活在這片天空底下的人
都有各自的傷痛。

沒有問題的家庭、沒有苦衷的人，
一個也沒有，這就是人。
因為是人，所以我們都有難過痛苦，
因為是人，所以我們也會高興感動。
因為人不是機器啊。
與其當個毫無知覺的人，
還不如感謝我們再痛也是人。

131

人活著都差不多

有些人看起來很幸福，
但是實際一看才發現不是如此的情況很常見。
就像這山望見那山高……我們可能會覺得自己是最累的，
別人看起來很幸福……
但是**人活著都差不多，只是沒表現出來而已**。
大家都很累，只是沒說出來而已。

132

我都不太了解自己了

大家只是看到我的冰山一角，
就自己以為很了解我，談論我，批評我。

連我都不太了解自己了，
別人怎麼能如此輕易地做出判斷？
不了解情況的人，本來就愛裝作自己了解一切。

133

別人的錯，我的錯，都不是

把所有的錯推給別人
是卑劣的錯誤行為。
但是，誤以為別人犯的錯是自己的錯
同樣也是愚蠢的行為。

有一種心理狀態叫做「彌賽亞情節」。
不要總想一個人攬下所有的責任，
拋開「必須由我解決所有事情」的病態義務感吧。

134

忙著雕刻的你和我

你忙著雕刻別人，
我忙著雕刻自己，
所以我會被雕刻得日趨完美吧。

無論你是否會繼續那樣生活，
我都會繼續這樣生活。

應該雕刻的對象，另有其人。

135

別再乞求了

將我視為人生當中
不可或缺的重要的一部分，
而且珍視我的人，
究竟有幾個呢？

我是叫你去愛，何時叫你乞求了？
不要乞求他人的關注。

為他人流落的眼淚美麗動人，

為他人留下的淚水過於浪費。
有時間說好孤單，還不如過得忙一點。
有時間說人閒話，還不如專注於你自己。

136

期待

對我的人生有所期待
會令我變得更強大，
但是愈期待別人，
只會愈加失望。

137

好好愛人的方法

好好愛人的方法很簡單。
成為自己也會想要愛的人，
就可以了。

138

該比較的還是要比較

在相愛的關係裡，
絕對不能做的事是**比較**。
一旦開始比較，對方就會變得更悲慘，
與此同時，自己會變成
傲慢的人。

比較，有如搞砸珍貴關係的「毒藥」。
非比較不可的話，比較對象只能是
「昨天的我自己」。

今天的我是否比昨天長進？
今天該做的事是否好好結束了，沒有後悔？
沒有不足的地方，但是我有沒有偷懶？
我是否將時間花在，
讓自己的名字更有價值
和有價值的人打交道？
還是，我見面的人是
毀掉我的人生和自尊感、
打破我的夢想的夢想小偷？

跟對方說需要改掉的缺點的時候，
不應該說會擊潰對方的「指責」和「比較」，
應該要說能讓對方站得更穩的「批評」和「勸勉」。

出於愛對方的一片心意，給予回饋，
跟對方說：「你只要多注意這一點就會很完美。」

就算我的立意再良善，
就算是為了對方所說的話，
如果表達方式傷到對方的話，
那早就不是愛了，這麼做是不對的。
比起一個缺點，要能發現九個優點，
比起九個缺點，要能珍視一個優點。

139

別再尋求引導了

人生中沒有注定好的答案或命運。

無論如何，只要不是犯罪，**先試試看再說**。

我們真正需要的不是「答案」或「引導」，而是**找尋自己的解決方法的「勇氣」**。

以前我常常找成功人士的成功故事或關於試錯成功訣竅的書籍、影片來看。有需要的話，我也會不惜跑到遠地參加活動，

就算當下的情況不允許，
我也會投入許多時間和代價參與教程，
懷抱「學習」的熱情，不停地奔跑，
活在競爭激烈的人生當中。

突然有一天，我產生了一個疑惑。
「我為什麼要做到這個地步？」
仔細想想，我得到的答案是，
「為了過上好一點的人生、有價值的人生……
為此，我要成功，也才有餘力幫助他人，
也才能更好地去愛人。」

很快地我又想到了一個問題。

「這是我的人生課題，觀察別人的人生，我就能得到答案嗎？」

結論是沒辦法。雖然有一定程度的幫助，

但是不一定能找到答案。

以前我一邊走著自己的路，

一邊參考累積了好幾百份的

別人畫好的地圖。

我的地圖應該由我親自描繪，

我決定不要再虛擲光陰了。

我再也不會向他人索取地圖，

也不會把我的地圖給任何人。

140

只屬於我的路

如果遇到和我正在走的路很類似的同伴者，
在一起的時候，我會真心地與他同行，
當彼此的方向改變時，
我不會覺得他背叛了我，

而是覺得「這個人要走的路大概是在這裡轉向的吧」
接受事實，期待下次的相逢，
繼續走我的路。

如果遇到處境和自己相似的人，
能夠學習對方的「態度」，
那便是有智慧的人。

我們迫切需要的
不是他人走過的路，
而是我新創的路。
一邊摸索走過
看不到前方的未知道路，
一步一步憑著信念走下去。
所以我再也不會
為了追逐成功人士
而失去了自我。

141

奇怪的人

雖然沒來由地懷疑他人是不對的，
但是什麼也不知道就無條件信任他人也很愚蠢。
無論是哪個時代都有奇怪的人，
重要的是，**我是怎樣的人**。

142

不想看到的人

真正想見的人，
很難見到，
不想看到的人，
總是會遇到。

人活著真是神奇啊。

143

世界的光芒

你是世界的光芒，
如同雲朵無法布滿天空，
如同黑暗無法遮住全世界的光芒。
如果你的內在有光明，
環繞著你的所有黑暗，
一點力氣也使不上。

即便世界再黑暗，
內在有光明就沒關係。

144

為了寶貴的我

為了寶貴的我，
原諒沒出息的他吧。

我以為道歉理應由做錯事的人來做，
其實，道歉是更成熟的人會做的事。
對某人心懷厭惡的話，我們的心
也會出現一個破口。
原諒是為了我自己。
為了寶貴的我，原諒沒出息的他吧。

145

喜歡的人

和喜歡的人共度的時光，
一分一秒都珍貴得捨不得。
那樣的時光，
總是流逝得太快，遠遠不夠。
所以總是在離別的時候留下遺憾。

146

應該多愛一點的人

愛，不是糾正，而是守護。
愛，不是替換，而是改變。
愛，不是揭發，而是掩護。

不是因為**完美的我**，而是因為**不完整的我**，
我們才會更珍惜自己還有彼此，
就算有點慢也會**耐心**等待對方，不是因為不足
而放棄離開，正是因為不足，
所以才需要多愛自己和對方一點。

147

於我而言

人生只有一次，
要好好活一回。
我想稱讚今天也賣力奔跑的我，
辛苦了。

148

好的事，好的自己

雖然不可能天天發生好事，
但是我們可以成為「好的自己」。
別指望好事發生，
要期待變好的自己。
那麼，無論遇到什麼情況都會好起來。

人們往往會延遲真正該煩惱的事，
置之不理，
有時候會自尋不必要的煩惱，

擔心不會立刻有結果的事情，
消耗了時間，也消耗了情感。
如果我是掌舵的船長，
颱風下雨的天氣或海浪高度，
都不是我能控制的範圍不是嗎？
但是，我可以操縱「方向舵」或「船槳」，
讓船駛向我想前往的方向。
我們的人生應該也要專注於此。

別浪費力氣在我們無法解決、
超出能力之外的事，
要專注於自己能做到的事情，
全心全意，竭盡所能。

149

別浪費力氣了

別浪費力氣討厭別人。
你是比想像中還要不錯的人，
不應該對人懷抱著厭惡生活。
這世界上有很多需要用愛包容的人，
沒有多餘的時間能讓你心懷憎惡，困住自己。

你是比你想像中
還要不錯的人。
你有資格和厲害的人結交，

過上比現在還精采的人生。
希望你別再因為討厭某人，
而將自己關了起來。
現在讓自己從過去的傷口
獲得自由解脫吧。

150

光出一張嘴呢

只會出一張嘴
光說不練的人；
關上耳朵，
說話說到臉紅脖子粗的人。

就算說到喉嚨痛，
也不想停下來嗎？

151

關係

三不五時哭哭啼啼打電話來的人，
也會變成只打問安電話的尷尬的關係。
用高興的語氣詢問「你過得還好嗎？」
對方冷冷地反問
「我們什麼時候那麼熟了」的時候，
曾經覺得他人很好的我的一片真心陷入尷尬。

即便如此，我也有過炙熱的初心，
那一瞬間我是真心的。

人與人之間的心意和關係，
好像需要經過一段時間才會知道。
長大成人的我發現，
世界上最難守護的東西是「我的想法、我的心意」。

如同事情有分「初心、熱心、耐心」，
關係也有分「初心、真心、重心」。
比起一閃而逝的初心和真心，
更重要的是那個人的「重心」。
重心不穩的初心與真心，
會隨著時間消逝。
做事也是如此。

熱心意味著熱情，耐心意味著毅力與忍耐。
無論是熱情還是忍耐，重心不穩的話，最後會落得空虛一場。
人的心意瞬息萬變，
想要守住那份心意和想法，真的很難。

152

反正是要離開的人

就算不是現在，
想離開的人還是在慢慢遠離。
就算能靠單方面的努力維持久一點，
這樣的緣分還是不要勉強走到最後一刻吧。

付出更多、待人更好、損失更大，
更體貼的成熟的人總是受傷的那一個。
自己為了那個人有多努力，
那個人「一點」也不知道。

如果體貼的那一方將所做之事一件件攤開來說，
倒成了「怪人」。

成熟的人和跟自己相似的
成熟對象來往好像才是明智之舉。
不然的話，慢慢等候
對方變得成熟的心意，
似乎是不成熟的愛情或友情。

153

無解

不要試圖說服不知道自己錯在哪的人。
無論那個人是真不知道還是裝蒜，
重要的是那個人不覺得自己有錯。
心中早有答案的人誰也說服不了。
因為他們只看想看的，只聽想聽的。

就算說給不成氣候的人聽，
他們不但無法接受，
還不懂得感恩。

154

請不要干涉我

我的人生我自己過，
干涉我、多管閒事的人，
這麼多……責任
我也會一肩扛起，
所以拜託不要再干涉我了。
人生的決定大權絕對不能讓給他人。
責任也要由自己負責。所以無論如何，
人生都要走自己的路（My Way）。
我只是堅信我的路走下去。

155

不想做的話就說出來

不想做的時候就說不想做，
從一開始就要明確地說出來。

沉默與模稜兩可的同意最終
只會讓彼此覺得很累。
比起模稜兩可的 Yes，明確的 No 才是體貼的表現。

156

請求就是字面上的意思

請求就是字面上的意思。
要不要答應，
是被人請求的我的選擇與權利。
完全不用因為自己拒絕了，
而感到愧疚。

遇到請求的時候，無法答應的話就應該說出來，
但是拒絕不了請求的人很多。
我也是個情深義重的人，所以是那種掏心掏肺

毫不保留付出的類型。
有些事情雖然很想拒絕，
但是我拒絕不了，所以只能一個人回到家懊悔，
乖乖幫別人做事。
自己必須做的事沒做好，別人拜託的事也做得馬馬虎虎，
所以有時候會聽到別人說：「不行的話，你直接說不行就好了啊？」

當時我領悟到一件事，幫忙他人也需要智慧。
雖然不是想聽到一聲道謝才答應的，
但是伸出援手不是天經地義的事，
有求於人的人心懷感恩才是理所當然的事。
我幫忙的話，對方說聲感謝就好，

反之，不幫的話，對方去拜託別人就可以了。
那是那個人該做的事，
所以沒理由影響到我的生活。
我拒絕後應該感到遺憾的是那個人。

在不影響生活的範圍之內，
盡我所能給予協助才有智慧。

守住能做到的底線是謙遜；
狂妄地想盡力去做是傲慢；
充分能做到卻不去做是吝嗇。
只要守住能做到的底線就好。

157

聽聽就好

最後，**選擇是我做的**，

責任也是我的，其他人不會替我負責。

別人的話聽聽就好，絕對不要被人牽著走。

說到底這是我的問題、我的事情。我不做的話誰來做……？

還能怪誰？

雖然我不是什麼厲害角色，

但是至少在我對自己的選擇感到後悔的時候，

我也不會怪別人。

158

請區分一下

不分時間場合
看心情說話的人，
分不清什麼是言之鑿鑿，
什麼是說話不經大腦。
頭腦簡單，不懂察言觀色，分不清何時該出頭、
何時該保持沉默的人，
最擅長的是把大家都搞得很累。
不過，神奇的是本人
完全不知道自己是問題的癥結點。

159

親近和白目不一樣

很多人分不清

親近、自在和白目。

有些人明明不熟，還老愛隨便開玩笑。

自以為幽默，

明明不熟還開玩笑，

對別人來說可能是人身攻擊。

希望這些人能發現，別人硬擠出笑容，

是因為在那種情況下面有難色的話氣氛會變得古怪。

160

別什麼都挽留

辛苦過……方才明白
什麼東西最珍貴。
辛苦的時候，要做好決心，
不能什麼都隨便挽留。

161

他人要求的最好，我能做到的最好

我能做到的全力以赴，
和他人要求的全力以赴不一樣的話，
彼此都會感到辛苦。

當「請求」變成「要求」的時候，
被請求的人就會從協助者的角色轉變成濫好人。
如果對方要求一，那做到一就算了事，
神奇的是對方卻會「理所當然」地要求在那之上的二。
人的時間、金錢和體力有限，

強求付出的話，那不再是「付出」而是「負擔」。

假設我能提起的最大重量是二十公斤。
在我已經提了十五公斤的時候，
對方問我能不能幫忙提行李的話，
站在我的立場來說，幫忙提個五公斤已經夠體貼了。
畢竟我幫忙提了五公斤啊。
但是對方卻想要我再多拿一點。
我說：「我沒辦法提超過這個重量的東西。」
「那你減少自己的行李，幫我多提一點吧。」
對方卻說了如此啼笑皆非的話。

我說我真的辦不到，

對方回道：「這點小事你也幫不了我嗎？你平常應該多練練才對啊。我的行李比你的還重要。你的行李不是有很多不需要的東西嗎？」

然後強行把自己的行李放到我肩上，對搖搖晃晃的我說「加油」。

我的行李重不重要由我定奪。

有些人會理所當然地要求他人幫忙提行李，此時要不要答應是自己的權利，別被人搶走了拒絕的權利。

162

自卑感、自尊感的來源

「自卑感」來自與他人的比較，
「自尊感」來自自己。
我們真正該比較的，
不是「我與對方」的差異，而是反省思考
「昨天的我」和「今天的我」有何不同。

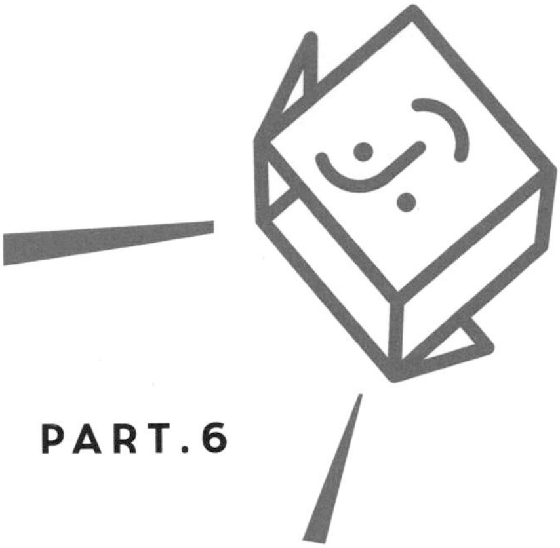

PART.6

“不用勉強沒關係”

163

說出「我不好」的勇氣

如果現在有人問我「你很累吧？」
我好像會不自覺地流下眼淚。
以前很累的時候，如果有人問我還好嗎？
我會若無其事地回答「我沒事」，
努力故作泰然，故作堅強……
我發現在狀態不好的時候，要如實說出「我不好」，
需要更大的勇氣。
到底有什麼好怕的呢？
「示弱」並不丟臉。「逞強」看起來更寒酸……

164

放棄不太珍貴的東西的勇氣

「放棄」也需要「勇氣」。

為了更珍貴的東西，
放棄比較不珍貴的東西的人，
是「勇氣可嘉的人」。

昂首挺胸，去面對吧。
因為沒有什麼好失去的，也無須看人臉色。
因為人生只有一次……
我們的人生看似短暫，

但是只要能專注於喜愛的人事物，
活過一次便已足夠。
不要去想「人生重來按鈕」，
要感謝現在當下的每一刻，
對眼前的那個人盡力吧。

165

蝴蝶也會在下雨時休息

最近，我很想到安靜的地方旅遊。
有點想休息……看來我很累。我想休息。

如同蝴蝶翅膀被雨淋溼的話，
會停止飛行，直至雨停，
休息不是因為懶惰，而是為了生存。
人也要懂得稍作休息。

166

太陽也會讓步於月夜

今天格外辛苦疲憊，
但是沒有能倚靠的地方，
所以在床上躺平。孤零零地……
盯著天花板，在思緒中入睡的夜晚。

二十四小時都在發光的**太陽**，
也會把十二小時讓步給**黑暗**。
不需要無時無刻保持明亮。

167

結局不一定要是冬天

先經歷過春天的人，
會害怕即將到來的冷冬，
但是先經歷過寒冬的人
會期待溫暖的春日陽光。

如果你現在的人生猶如冬天，
那將此當作起始點，
期待春天到來，重新開始就可以了。

168

工作與日常之間

奔波勞碌之際
不要忘了真正珍貴的事物。
如果忙碌和認真工作的目的
是為了守護珍貴事物，
那更要將它擺在第一順位。

169

過得好的人

我現在真的做得很好嗎？
有時我會思考這個問題。
應該有很多人處於不安的想法之中，
現在做得好不好？
正在走的路是對的嗎？
會不會又再次跌倒？
會不會犯錯受傷……？
真正「過得好的人」是誰呢？
那就是**正在思考「我現在過得好嗎」的你。**

170

工作狂，工作蟲，工作奴

以前無事可做的時候，我總覺得應該要找事情做，
懷疑自己是不是在浪費人生、
會不會被淘汰、這樣能過上我想要的生活嗎？
將自己逼得更緊，過著以目標為導向的人生。

但是突然某個瞬間我的內心就像破了一個大洞，
被空虛填滿。
就像汽油不斷地從汽油桶流出，
感覺自己忘了什麼重要的事情，

懷疑自己是不是真的只能這樣活著。

保持忙碌的話，好像做到了什麼，

但是確認結果的話，更多的時候是沒什麼「收穫」。

當時我產生了這樣的念頭。

「雖然認真撒種子很重要，但是撒在柏油路上的話也是白費一場。」

我過得多忙碌？我有多「活躍」？

我真的幸福嗎？我多有「成就感」？

這兩者截然不同。

我也曾經為了做隨時都能做的事，

而不斷推遲必須現在去做的事。

現在的我會努力試著先做最重要的事。

記住了，當你真的活得很「認真」，
卻感受不到幸福的時候，
就要檢視看看你「正在做的事情」。
現在正在做的事情是否重要？
是不是非現在做不可的事情？
這件事是否有收穫還是徒勞無功？
要搞清楚你是不是單純感到不安才忙起來的。
如果不去思考，那麼你最後會變得和以前的我一樣，
做牛做馬，飽嘗辛苦，
諸事不順，身邊一個人也沒有。

不要為了獲得幸福而工作，幸福地工作吧。
幸福不應該是「目標」，而是「過程」。

171

不要一味工作失去了自我

天天工作倦怠，反覆下定決心，
不知不覺一年又過去了⋯⋯
我真的過得很認真，但是我不想一味地認真⋯⋯

工作做不好重做就是了。
覺得能力不足的話，去學習就好了。
但是，失去自我的話，想要重新來過並不簡單。
就算能立刻付錢學習，也沒辦法立刻學以致用。
最重要的是，不要失去了「自我」。

172

拋棄對自己的指責

儘管不可能萬事如意，
但是有時候我還是會覺得「**人生很不順利……**」
沒有比此時此刻更孤單辛苦的時候了……
朋友喊累的時候，我會和他吃頓飯，
鼓勵他說：「**加油，你可以的。**」
真正換**我覺得累的時候**，我卻跟別人說：「**就老樣子……**」
對自己感到失望，逼迫自己。
在鼓勵別人之前，先鼓勵自己吧。
對在生活困苦的世界中依舊不放棄，
對自己說聲：「**今天辛苦了。**」

173

拋棄自憐自傷

「認真過就好了。」

「盡力就好了。」

「勇於挑戰本身就很厲害了。」

就算大家紛紛安慰我，

我的心情、我的情況還是沒有好轉。

如果我不珍視自己，

如果我不熱愛從事的工作和人生，

如果我反而自憐自傷的話，

我便無法愛上任何工作或任何人。

174

因為年輕而吃的苦，不用吃也可以

有東西可學的辛苦是「經驗」，
但是沒東西可學的辛苦就只是活受罪。

煩惱自己現在做得好不好的時候，
稍停片刻，仔細思考看看吧。
是因為我太認真而「疲憊」，
還是因為我什麼也「沒做」，所以感到不安。
要懂得分辨經驗和浪費。
別被糟糕的經驗也是經驗的說法給騙了，

別再被別人奪去寶貴的青春了。
那不是經驗，是浪費。
人生苦短，
光是要做真正重要、必須做的事就不夠了。

175

真正該感到丟臉的

不要覺得疼痛是丟人的事，
因為所有活著的萬物都會感覺到疼痛。
會痛就代表你還活著，
很痛就代表活得很好。
應該感到丟臉的不是疼痛，而是「若無其事」。

做不到不是你的錯，不去做才有錯。
比不做更嚴重的問題是，
根本無心去做。

176

即使不是第一，也是唯一

生活真的好像在打仗。
以為度過了難關的時候，
意想不到的事便會接二連三地發生……
一件輕鬆的事都沒有。

但是我必須帶領自己活下去。
因為就算我不是第一，也是獨一無二的人，
今天我也想替珍貴的我自己加油。

177

時光虛擲？

每跨過一年，
我就覺得自己虛擲光陰，
一事無成。
真不懂時間為什麼流逝地這麼快。

雖然我希望令人心煩的情況能快點過去，
但是一旦過去了，我又會深感遺憾。
可是，我認為正因為我克服了那些情況，
才有現在的我。

178

為脆弱自豪

「承認」脆弱的瞬間就不再脆弱，
為脆弱「自豪」的瞬間
反而會變得無比強大。

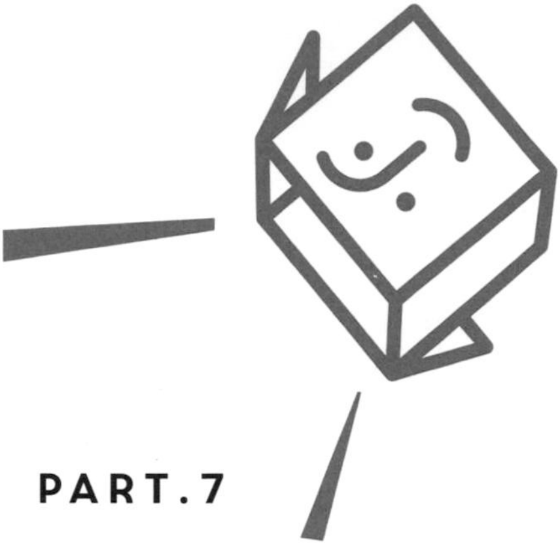

PART.7

“汽水”

179

真正該獲得道歉的人另有其人

別人對我造成的傷害，
我對別人造成的傷害。

互相道歉與接受道歉的時候，
為什麼我對自己造成的傷害，
就不用對我自己道歉？

流淚，不是因為不珍視自己的人生，
不是為了自己的事情，
而是為了某個男人或女人的話，

請跟自己道歉吧。
應該要對視自己為奇蹟的
父母感到抱歉。

180

不要只是很會說話，成為不只會說話的人

真會說話呢。
話誰不會說？
像律師那樣能言善辯。
棒，真是好棒棒。

既然活著，
至少要做到
說出的一半吧。

181

對自己沒興趣的話也沒辦法

對自己感興趣
才會發生什麼變化。
對自己不感興趣的話，
夢想什麼的也不會有。
對自己不感興趣的話，誰也沒辦法。
對自己感興趣
才會產生夢想與自尊感。

182

做好手上的事

跟很多人來往
累積豐富的經驗，
和隨便交際把時間
丟進垃圾桶，是兩回事。

就算因為年輕而嘗到苦頭，
也要先把別人給的工作
做好。
吃得苦中苦，方為人上人。

183

人生勝利

若想藉由自己的失敗獲得他人的安慰，
那我這一輩子都只能接受別人的安慰。

透過失敗學習克服的話，
我會變成能夠安慰別人的人。
要過接受安慰的人生，
還是過給予安慰的人生，取決於自己。

我不會用安慰來填補失敗。
我會透過失敗學習成長。
這不是精神勝利，
而是人生勝利。

184

試過了嗎？

不是做不到而是不想做。
不是不行而是沒做到行。
這不是奇蹟，做就對了。
不去做所以才不行。
什麼也沒做，卻成功了那才叫奇蹟。

185

從想法開始改變

如果有人做事做得風生水起，
那就思考看看「他做了什麼，以及是怎麼做的，
才會獲得那樣的成果」。
你也會有能試試看並獲得的成果，
你的人生也會因此獲得改變。
有時間見不得人好，
還不如問問人家的秘訣。

186 對自己做的事不激動的時候

「令人心跳加快的事」不存在。
努力奔跑的話，心臟自然會激烈跳動。
對某個事物的期待總有一天會冷卻。
沒有會令人心跳加快的事情，
重要的是要讓自己過得怦然心動。

187

先全力以赴

對全力以赴但失敗收場的人
說「沒關係」，
和對不怎麼認真生活的懶人說「沒關係」，
完全是兩碼事。這關係可大了。
世界有多險惡可怕啊，
這個世界才不浪漫。

188

不負責任的話最甜蜜

當我刻苦努力
終於爬到某個位置，取得成功後，
為什麼有些人總要一邊溫暖地安慰我，
一邊說「你一定要給自己找事做嗎」
「多休息」
「不用過得那麼努力」
「及時行樂」
「活在當下」

「多多放鬆」？
這些人又不會和我過一輩子，
如此不負責任的話，他們怎麼能這麼輕易地說出口？

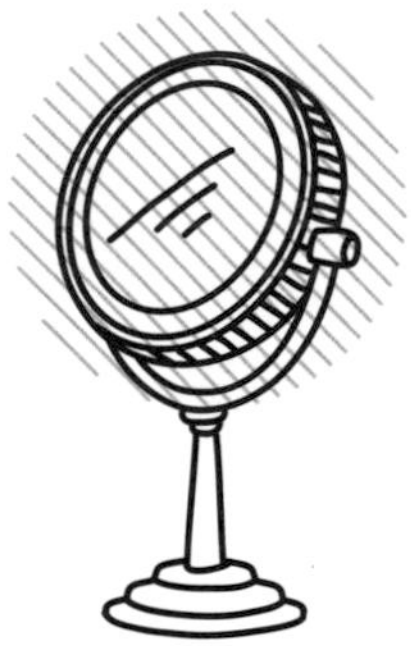

189

讓我動起來的事

要我做喜歡的事？
要自己做喜歡做的事，
說不定是很危險的念頭。
就像曾經愛得難分難捨的人，
也會形同陌路，
人的感情隨時都會改變。
問題不在於「喜歡的事」，
最重要的是「無論做什麼」
我都會喜歡自己。

與其找適合自己或喜歡的事情，
還不如慢慢找尋
會讓我喜歡上自己的理由和
會讓我動起來的事，這樣似乎才對。

如果遇到一拍即合的命中注定的緣分，
完美地展開一段關係的話，與本人期待不同的面貌，
反而會令自己一天比一天失望。
反之，如果將就在眼前的人視為天注定的緣分，
那麼這段關係會保持新鮮，會更加幸福。

為了找到自己辦得到的事情，
一定會花上一段「時間」。

花時間嘗試不同的事情看看，
那一定會找到幾件適合自己的事。
鑽研那件事的話，那件事會漸漸變好。
不對，是能在鑽研那件事的過程當中有所領悟，
看著做到的自己，更加喜愛自己。

不要找令你心跳加速的事，
認真奔跑的話，你的心就會激烈跳動了。

190

安守本分

不想努力生活的話，
安分地活著就可以了。
但是，
不要成為小偷，
別妄想和不安於本分且
認真生活的人，
享有同樣的待遇，
享受同樣的事物。

191

實際行動

想像不會帶來改變。

實踐想像才會改變。

天天大喊R＝VD（Realization＝Vivid Dream，栩栩如生地描繪夢想就會實現）

人生也絕對不會發生改變。

朗達·拜恩的《秘密》這本心理勵志書紅極一時。

坊間流傳著一句玩笑話說，實踐那本書的法則而致富的人，
只有朗達．拜恩他一人。
不能總想著
要走捷徑。
那種東西不存在。

192

什麼也不想做的話

如果你現在不愁吃穿，
去打工看看，一天就好，去當當看宅配卸貨員吧。
那你就會明白所做之事的珍貴和現實。
生活過得有點滋潤又無痛無病的話，自然會產生很多雜念。

國家圖書館出版品預行編目資料

你的善良，不要浪費在不值得的人身上 / 全大進著；林芳如譯. -- 初版. -- 臺北市：皇冠, 2021.8 面；公分. -- (平安叢書；第0692種)
(UPWARD；121)
譯自：내가 얼마나 만만해 보였으면
ISBN 978-986-5596-30-9 (平裝)

177.2 110010693

平安叢書第0692種
UPWARD 121
你的善良，不要浪費在不值得的人身上
내가 얼마나 만만해 보였으면

作　　者—全大進
譯　　者—林芳如
發 行 人—平雲
出版發行—平安文化有限公司
台北市敦化北路120巷50號
電話◎02-27168888
郵撥帳號◎18420815號
皇冠出版社(香港)有限公司
香港銅鑼灣道180號百樂商業中心
19字樓1903室
電話◎2529-1778　傳真◎2527-0904
總 編 輯—龔橞甄
責任編輯—平　靜
美術設計—木木Lin、李偉涵
著作完成日期—2020年
初版一刷日期—2021年8月
初版二刷日期—2021年9月
法律顧問—王惠光律師

讀者服務傳真專線◎02-27150507
電腦編號◎425121
ISBN◎978-986-5596-30-9
Printed in Taiwan
本書定價◎新台幣380元/港幣127元